Bilingual Bedtime Stories: French-English Adventures for Kids

Artici Kids

Published by Artici Kids, 2024.

While every precaution has been taken in the preparation of this book, the publisher assumes no responsibility for errors or omissions, or for damages resulting from the use of the information contained herein.

BILINGUAL BEDTIME STORIES: FRENCH-ENGLISH ADVENTURES FOR KIDS

First edition. June 1, 2024.

ISBN: 979-8224813780

Written by Artici Kids.

Table of Contents

Le Mystère Merveilleux des Macarons de Milo

AU CŒUR DE PARIS, NON loin de l'agitation de la Tour Eiffel, vivait un garçon curieux et vif nommé Milo. Il avait des cheveux bruns ébouriffés, des yeux verts brillants qui pétillaient de malice, et un amour infini pour les friandises, en particulier les macarons colorés et délicieux de la Pâtisserie de Monsieur Leclair.

Monsieur Leclair était un homme grand et corpulent avec une moustache touffue qui se tordait aux extrémités, donnant l'impression d'avoir sa propre vie. Sa pâtisserie était la plus célèbre de tout Paris, et ses macarons étaient renommés pour leurs saveurs exquises et leur croquant parfait. Chaque matin, les gens faisaient la queue devant sa boutique pour goûter aux dernières créations, de la vanille classique à la lavande exotique et au miel.

Un après-midi ensoleillé, alors que Milo s'apprêtait à acheter son macaron préféré à la pistache, il entendit Monsieur Leclair parler à son assistante, une jeune femme nommée Colette. "Nous avons un problème," chuchota Monsieur Leclair, mais pas assez doucement. "Quelqu'un vole mon ingrédient secret!"

Les yeux de Milo s'écarquillèrent. Un mystère dans sa pâtisserie préférée? C'était plus excitant qu'un cirque! Il décida sur-le-champ qu'il résoudrait le mystère et sauverait les macarons de Monsieur Leclair.

Le lendemain, Milo retourna à la pâtisserie, armé de son kit de détective : une loupe, un carnet et un crayon. Il observa Monsieur Leclair et Colette travailler, remarquant chaque détail. Monsieur Leclair mélangeait les ingrédients avec précision, tandis que Colette emballait les macarons avec soin. Mais rien ne semblait anormal.

Déterminé, Milo décida de s'introduire dans la pâtisserie après les heures d'ouverture. Cette nuit-là, il attendit que les rues de Paris soient calmes et que les lumières de la pâtisserie soient éteintes. Il se faufila jusqu'à la porte arrière, que Monsieur Leclair oubliait souvent de verrouiller, et se glissa à l'intérieur.

La pâtisserie était sombre, sauf pour la lumière de la lune qui passait par les fenêtres, projetant des ombres effrayantes sur les murs. Le cœur de Milo battait à tout rompre, entre excitation et peur. Il se dirigea prudemment vers la cuisine, où il vit le grand bol à mélanger et les étagères remplies de pots de poudres et de liquides colorés.

Soudain, un bruit rompit le silence. Milo se figea. Cela ressemblait à un léger bruissement, venant du débarras à l'arrière. Retenant son souffle, il se glissa vers la porte et jeta un coup d'œil à l'intérieur. À sa grande surprise, il vit une petite silhouette, pas plus haute qu'un tabouret de cuisine, fouillant dans les pots.

La silhouette se retourna, et Milo poussa un cri de surprise. C'était une minuscule créature, habillée comme un chef, avec un chapeau miniature. La créature avait de grands yeux ronds et un sourire espiègle.

"Qui es-tu?" chuchota Milo.

La créature sursauta et faillit laisser tomber le pot qu'elle tenait. "Je suis Pierre, le Lutin de la Pâtisserie!" dit-il d'une voix aiguë. "Et toi, qui es-tu?"

"Je suis Milo," dit Milo en entrant dans la pièce. "Que fais-tu ici?"

Pierre avait l'air embarrassé. "J'ai, euh, emprunté quelques ingrédients secrets de Monsieur Leclair pour faire mes propres macarons. Mais je ne voulais pas faire de mal! Je voulais juste rendre ma famille fière."

La curiosité de Milo se transforma en sympathie. "Pourquoi n'as-tu pas simplement demandé de l'aide à Monsieur Leclair?"

Pierre soupira. "J'étais trop timide. Mais maintenant j'ai causé des ennuis, n'est-ce pas?"

Milo réfléchit un moment. "Peut-être que nous pouvons arranger ça. Et si nous disions la vérité à Monsieur Leclair et lui demandions s'il accepterait de t'apprendre à faire des macarons correctement?"

Les yeux de Pierre s'illuminèrent. "Tu crois qu'il accepterait?"

"J'en suis sûr," dit Milo avec un sourire.

Le lendemain matin, Milo et Pierre attendirent nerveusement que Monsieur Leclair ouvre la pâtisserie. Lorsqu'il vit Pierre, ses yeux s'agrandirent de surprise. "Qu'est-ce que c'est que ça?" s'exclama-t-il.

Milo s'avança et expliqua tout. Monsieur Leclair écouta, et quand Milo eut fini, il regarda Pierre pensivement. "Un Lutin de la Pâtisserie, hein? Eh bien, je n'ai jamais eu d'apprenti lutin auparavant."

Pierre baissa la tête. "Je suis désolé d'avoir causé des ennuis. Je voulais juste apprendre."

La moustache de Monsieur Leclair se tordit, puis il sourit. "Tout grand chef commence quelque part. Si tu es prêt à apprendre, je suis prêt à t'enseigner."

Le visage de Pierre s'illumina d'un large sourire. "Merci, Monsieur Leclair! Je promets de travailler dur!"

À partir de ce jour, Pierre fit partie de la famille de la pâtisserie. Il travailla aux côtés de Monsieur Leclair et de Colette, apprenant l'art de faire des macarons. Et avec l'aide de Milo, ils créèrent même une nouvelle saveur appelée "Poussière de Lutin" – une délicieuse combinaison de baies magiques et d'une pincée de sucre étincelant.

Le mystère était résolu, et Milo n'avait pas seulement sauvé la situation mais s'était aussi fait un nouvel ami. Les macarons de Monsieur Leclair restaient les meilleurs de Paris, et maintenant ils contenaient un peu de magie supplémentaire à chaque bouchée.

Quant à Milo, il continuait de visiter la pâtisserie tous les jours, mais il avait maintenant une nouvelle saveur préférée. Et chaque fois qu'il croquait dans un macaron Poussière de Lutin, il se souvenait de la nuit du merveilleux mystère des macarons et souriait, sachant que même les plus petites créatures peuvent avoir le plus grand des cœurs.

Milo's Marvelous Macaron Mystery

IN THE HEART OF PARIS, not far from the bustling Eiffel Tower, there lived a curious and lively boy named Milo. He had tousled brown hair, bright green eyes that twinkled with mischief, and an unending love for sweet treats, particularly the colorful and delectable macarons from Monsieur Leclair's Patisserie.

Monsieur Leclair was a tall, portly man with a bushy mustache that twirled at the ends, looking as if it had a life of its own. His patisserie was the most famous in all of Paris, and his macarons were renowned for their exquisite flavors and perfect crunch. Every morning, people lined up outside his shop to taste the latest creations, from classic vanilla to exotic lavender and honey.

One sunny afternoon, as Milo was about to buy his favorite pistachio macaron, he overheard Monsieur Leclair talking to his assistant, a young woman named Colette. "We have a problem," Monsieur Leclair whispered, though not quietly enough. "Someone has been stealing my secret ingredient!"

Milo's eyes widened. A mystery in his favorite patisserie? This was more exciting than a circus! He decided then and there that he would solve the mystery and save Monsieur Leclair's macarons.

The next day, Milo returned to the patisserie, armed with his detective kit: a magnifying glass, a notebook, and a pencil. He watched as Monsieur Leclair and Colette worked, noticing every detail. Monsieur Leclair mixed ingredients with precision, while Colette packaged the macarons with care. But nothing seemed out of the ordinary.

Determined, Milo decided to sneak into the patisserie after hours. That night, he waited until the streets of Paris were quiet and the lights in the patisserie had gone out. He tiptoed to the back door, which Monsieur Leclair often forgot to lock, and slipped inside.

The patisserie was dark, except for the moonlight streaming through the windows, casting eerie shadows on the walls. Milo's heart raced with excitement and a little bit of fear. He carefully made his way to the kitchen, where he saw the large mixing bowl and the shelves filled with jars of colorful powders and liquids.

Suddenly, a noise broke the silence. Milo froze. It sounded like a faint rustling, coming from the storage room at the back. Holding his breath, he crept towards the door and peeked inside. To his astonishment, he saw a small figure, no taller than a kitchen stool, rummaging through the jars.

The figure turned, and Milo gasped. It was a tiny creature, dressed in what looked like a chef's uniform, complete with a miniature hat. The creature had large, round eyes and a mischievous grin.

"Who are you?" Milo whispered.

The creature jumped and nearly dropped the jar it was holding. "I'm Pierre, the Patisserie Pixie!" he said in a squeaky voice. "And who are you?"

"I'm Milo," said Milo, stepping into the room. "What are you doing here?"

Pierre looked embarrassed. "I, um, borrowed some of Monsieur Leclair's secret ingredients to make my own macarons. But I didn't mean any harm! I just wanted to make my family proud."

Milo's curiosity turned to sympathy. "Why didn't you just ask Monsieur Leclair for help?"

Pierre sighed. "I was too shy. But now I've caused trouble, haven't I?"

Milo thought for a moment. "Maybe we can fix this. How about we tell Monsieur Leclair the truth and ask if he'll teach you how to make macarons properly?"

Pierre's eyes lit up. "You think he would?"

"I'm sure of it," said Milo with a smile.

The next morning, Milo and Pierre waited nervously as Monsieur Leclair opened the patisserie. When he saw Pierre, his eyes widened in surprise. "What is this?" he exclaimed.

Milo stepped forward and explained everything. Monsieur Leclair listened, and when Milo finished, he looked at Pierre thoughtfully. "A Patisserie Pixie, eh? Well, I've never had a pixie apprentice before."

Pierre hung his head. "I'm sorry for causing trouble. I just wanted to learn."

Monsieur Leclair's mustache twitched, and then he smiled. "Every great chef starts somewhere. If you're willing to learn, I'm willing to teach you."

Pierre's face broke into a wide grin. "Thank you, Monsieur Leclair! I promise I'll work hard!"

From that day on, Pierre became a part of the patisserie family. He worked alongside Monsieur Leclair and Colette, learning the art of macaron making. And with Milo's help, they even created a new flavor called "Pixie Dust" – a delightful combination of magical berries and a sprinkle of sparkling sugar.

The mystery was solved, and Milo had not only saved the day but also made a new friend. Monsieur Leclair's macarons continued to be the best in Paris, and now they had a little extra magic in every bite.

As for Milo, he still visited the patisserie every day, but now he had a new favorite flavor. And whenever he bit into a Pixie Dust macaron, he remembered the night of the marvelous macaron mystery and smiled, knowing that even the smallest of creatures could have the biggest of hearts.

Félix et la Fabuleuse Fabrique de Fromage

DANS UN CHARMANT VILLAGE niché dans la pittoresque campagne française, vivait un garçon nommé Félix. Avec ses cheveux blonds en bataille, ses yeux bleus étincelants et son énergie débordante, Félix était un concentré de curiosité et de malice. Son endroit préféré dans le monde entier était la Fabrique de Fromage de Madame Bonbon, où étaient fabriqués les fromages les plus délicieux et extraordinaires.

Madame Bonbon était une dame excentrique et au grand cœur, passionnée par la fabrication de fromage. Elle était connue pour ses tenues flamboyantes, arborant souvent un béret violet vif et un tablier couvert d'illustrations fromagères. Sa fabrique était un véritable pays des merveilles, avec des chaudrons bouillonnants, des machines vrombissantes et des étagères remplies de fromages de toutes formes et tailles.

Un après-midi ensoleillé, alors que Félix savourait une tranche de camembert crémeux, il entendit Madame Bonbon parler à voix basse à son assistante, une fille intelligente et méticuleuse nommée Éloïse.

"Nous avons un problème, Éloïse," dit Madame Bonbon, sa voix teintée d'inquiétude. "Notre livre de recettes de fromage secret a disparu!"

Les oreilles de Félix se dressèrent. Un livre de recettes disparu ? Cela ressemblait à un mystère à résoudre! Déterminé à aider Madame Bonbon, Félix décida de devenir détective et de retrouver le livre manquant.

Le lendemain matin, Félix arriva à la fabrique avec son fidèle kit de détective : une loupe, un carnet et un crayon. Il regarda Madame Bonbon et Éloïse chercher partout, vérifiant chaque recoin. Mais le livre était introuvable.

Déterminé à ne pas abandonner, Félix décida d'enquêter sur les terrains de la fabrique. Il explora les caves à fromage, jeta un œil derrière les énormes roues d'emmental, et vérifia même à l'intérieur des cuves de lait caillé. Juste au moment où il était sur le point de perdre espoir, il remarqua quelque chose d'étrange – une traînée de petites miettes menant hors de la fabrique et vers les bois voisins.

Avec un sentiment d'excitation et un peu d'appréhension, Félix suivit la piste. Elle serpentait à travers les arbres et au-dessus d'un ruisseau bouillonnant, le conduisant plus profondément dans la forêt. Soudain, il aperçut quelque chose briller au soleil. C'était le coin d'un livre, dépassant de sous un buisson!

Félix tira soigneusement le livre et enleva les feuilles. C'était bien le livre de recettes de fromage secret de Madame Bonbon! Mais qui l'avait pris, et pourquoi?

Alors que Félix se posait la question, il entendit un bruit de froissement derrière lui. Il se retourna pour voir un groupe de petites souris espiègles, chacune portant un petit chapeau de chef. L'une d'elles s'avança, tenant un morceau de fromage en guise d'offrande de paix.

"Bonjour, jeune monsieur," dit la souris, s'inclinant légèrement. "Je suis Maurice, le chef des Souris Cuisiniers. Nous nous excusons d'avoir pris le livre, mais nous avions désespérément besoin d'aide."

Félix haussa un sourcil. "Pourquoi aviez-vous besoin du livre de recettes?"

Maurice soupira. "Notre réserve de fromage s'épuisait, et nous voulions apprendre les secrets des merveilleux fromages de Madame Bonbon pour sauver notre village."

La curiosité de Félix se transforma en sympathie. "Vous auriez dû demander de l'aide au lieu de prendre le livre. Madame Bonbon est gentille et aurait partagé son savoir avec vous."

Les yeux de Maurice s'écarquillèrent. "Vous pensez qu'elle l'aurait fait?"

"J'en suis sûr," dit Félix avec un sourire rassurant.

Ensemble, Félix et les Souris Cuisiniers retournèrent à la fabrique. Quand Madame Bonbon vit les souris, ses yeux s'écarquillèrent de surprise. "Que se passe-t-il ici?" s'exclama-t-elle.

Félix s'avança et expliqua tout. Madame Bonbon écouta attentivement, et quand Félix eut fini, elle regarda les souris pensivement. "Vous êtes de sacrées petites créatures ingénieuses, n'est-ce pas?"

Maurice baissa la tête. "Nous sommes désolés d'avoir causé des ennuis. Nous voulions juste apprendre."

Le visage de Madame Bonbon s'adoucit en un sourire chaleureux. "Chaque grand chef commence quelque part. Si vous êtes prêts à apprendre, je suis prête à vous enseigner."

Les visages des souris s'illuminèrent de joie. "Merci, Madame Bonbon! Nous promettons de travailler dur!"

À partir de ce jour, les Souris Cuisiniers devinrent une partie de la famille de la fabrique. Elles travaillèrent aux côtés de Madame Bonbon et d'Éloïse, apprenant l'art de la fabrication du fromage. Avec leurs petites pattes agiles et leurs sens aiguisés, les souris devinrent rapidement expertes en création des fromages les plus exquis.

Félix, fier de son travail de détective, visitait la fabrique chaque jour pour voir ses nouveaux amis. Madame Bonbon créa même un fromage spécial en son honneur, appelé "Le Fromage Fantastique de Félix" – un délicieux mélange de brie crémeux et de roquefort piquant.

Le mystère était résolu, et la fabrique prospérait grâce à ses nouveaux apprentis minuscules. Les fromages de Madame Bonbon continuaient d'être les meilleurs de France, et ils avaient désormais une touche de magie en chaque bouchée.

Quant à Félix, il apprit que même les plus petites créatures pouvaient faire une grande différence. Chaque fois qu'il savourait une tranche du Fromage Fantastique de Félix, il se souvenait de l'aventure du livre de recettes disparu et souriait, sachant que la gentillesse et la coopération pouvaient résoudre n'importe quel mystère.

15

Félix and the Fabulous Fromage Factory

IN A QUAINT VILLAGE nestled in the picturesque French countryside, there lived a boy named Félix. With his messy blond hair, sparkling blue eyes, and boundless energy, Félix was a bundle of curiosity and mischief. His favorite place in the whole world was Madame Bonbon's Fromage Factory, where the most delicious and extraordinary cheeses were made.

Madame Bonbon was an eccentric and kind-hearted lady with a passion for cheese-making. She was known for her flamboyant attire, often sporting a bright purple beret and an apron covered in cheesy illustrations. Her factory was a wonderland of bubbling pots, whirring machines, and shelves stacked high with cheeses of all shapes and sizes.

One sunny afternoon, as Félix was savoring a slice of creamy Camembert, he overheard Madame Bonbon speaking in hushed tones to her assistant, a clever and meticulous girl named Eloise.

"We have a problem, Eloise," said Madame Bonbon, her voice tinged with worry. "Our secret cheese recipe book has gone missing!"

Félix's ears perked up. A missing recipe book? This sounded like a mystery begging to be solved! Determined to help Madame

Bonbon, Félix decided to become a detective and find the missing book.

The next morning, Félix arrived at the factory with his trusty detective kit: a magnifying glass, a notebook, and a pencil. He watched as Madame Bonbon and Eloise searched high and low, checking every nook and cranny. But the book was nowhere to be found.

Determined not to give up, Félix decided to investigate the factory grounds. He explored the cheese cellars, peeked behind the giant wheels of Emmental, and even checked inside the vats of curdling milk. Just as he was about to lose hope, he noticed something strange – a trail of tiny crumbs leading out of the factory and into the nearby woods.

With a sense of excitement and a little bit of trepidation, Félix followed the trail. It wound through the trees and over a bubbling brook, leading him deeper into the forest. Suddenly, he spotted something glittering in the sunlight. It was the corner of a book, peeking out from under a bush!

Félix carefully pulled the book out and brushed off the leaves. It was indeed Madame Bonbon's secret cheese recipe book! But who had taken it, and why?

As Félix pondered this, he heard a rustling sound behind him. He turned around to see a group of tiny, mischievous mice, each wearing a little chef's hat. One of them stepped forward, holding a piece of cheese as a peace offering.

"Bonjour, young monsieur," said the mouse, bowing slightly. "I am Maurice, the leader of the Mice Chefs. We apologize for taking the book, but we desperately needed help."

Félix raised an eyebrow. "Why did you need the recipe book?"

Maurice sighed. "Our cheese supply has been running low, and we wanted to learn the secrets of Madame Bonbon's marvelous cheeses to save our village."

Félix's curiosity turned to sympathy. "You should have asked for help instead of taking the book. Madame Bonbon is kind and would have shared her knowledge with you."

Maurice's eyes widened. "You think she would?"

"I'm sure of it," said Félix with a reassuring smile.

Together, Félix and the Mice Chefs returned to the factory. When Madame Bonbon saw the mice, her eyes widened in surprise. "What is this?" she exclaimed.

Félix stepped forward and explained everything. Madame Bonbon listened intently, and when Félix finished, she looked at the mice thoughtfully. "You are quite the resourceful little creatures, aren't you?"

Maurice hung his head. "We're sorry for causing trouble. We just wanted to learn."

Madame Bonbon's face softened into a warm smile. "Every great chef starts somewhere. If you're willing to learn, I'm willing to teach you."

The mice's faces lit up with joy. "Thank you, Madame Bonbon! We promise to work hard!"

From that day on, the Mice Chefs became a part of the factory family. They worked alongside Madame Bonbon and Eloise, learning the art of cheese-making. With their nimble paws and keen senses, the mice soon became experts in crafting the most exquisite cheeses.

Félix, proud of his detective work, visited the factory every day to see his new friends. Madame Bonbon even created a special cheese in his honor, called "Félix's Fromage Fantastique" – a delightful blend of creamy Brie and tangy Roquefort.

The mystery was solved, and the factory flourished with the help of its tiny new apprentices. Madame Bonbon's cheeses continued to be the best in France, and now they had an extra touch of magic in every bite.

As for Félix, he learned that even the smallest of creatures could make a big difference. Whenever he savored a slice of Félix's Fromage Fantastique, he remembered the adventure of the missing recipe book and smiled, knowing that kindness and cooperation could solve any mystery.

L'Incroyable Aventure de la Glace

DANS LA CHARMANTE VILLE de Sainte-Claire, nichée dans les collines de la campagne française, vivait un garçon nommé Louis. Avec ses cheveux noirs indisciplinés, ses yeux bleus brillants, et une insatiable gourmandise, Louis était connu de tous pour son amour de la glace. Mais il ne s'agissait pas de n'importe quelle glace ; il adorait les créations extraordinaires de l'Emporium de Glaces de Madame Chantilly.

Madame Chantilly était une grande dame élégante, affectionnant les chapeaux flamboyants et les écharpes colorées. Son emporium de glaces était un endroit magique rempli des parfums les plus délicieux et inhabituels, du miel de lavande à la tarte aux pommes caramélisées. Les gens venaient de loin pour goûter ses glaces incroyables, et sa boutique était toujours animée.

Un après-midi chaud d'été, alors que Louis allait déguster son parfum préféré—le sorbet basilic à la fraise—il entendit Madame Chantilly parler à voix basse avec son assistante, une fille méticuleuse et ingénieuse nommée Claire.

"Nous avons un sérieux problème, Claire," dit Madame Chantilly, l'inquiétude dans la voix. "Notre ingrédient secret, la Fève de Vanille Enchantée, a disparu !"

Les oreilles de Louis se dressèrent. Un ingrédient disparu ? Cela ressemblait à un mystère à résoudre ! Déterminé à aider Madame Chantilly, Louis décida de devenir détective et de retrouver la Fève de Vanille Enchantée.

Le lendemain matin, Louis arriva à l'emporium avec son kit de détective : une loupe, un carnet et un crayon. Il observa Madame Chantilly et Claire fouiller toute la boutique, inspectant chaque recoin. Mais la Fève de Vanille Enchantée restait introuvable.

Non découragé, Louis décida d'enquêter plus loin. Il explora les salles de stockage, jeta un coup d'œil derrière les énormes congélateurs et vérifia même l'intérieur des sorbetières. Alors qu'il commençait à perdre espoir, il remarqua quelque chose d'étrange : une traînée de sirop doré et collant qui sortait de l'emporium et menait vers la place du village.

Avec un mélange d'excitation et d'appréhension, Louis suivit la piste. Elle serpentait à travers le marché animé, passait devant la boulangerie avec ses odeurs alléchantes et le conduisait finalement à la vieille tour de l'horloge à la périphérie de la ville. En s'approchant de la tour, il vit quelque chose briller au soleil. C'était une petite clé brillante, à moitié enfouie dans l'herbe.

Louis ramassa la clé et l'examina de près. Elle avait un design complexe et une étiquette où était inscrit : "Pour le Coffre-Fort Secret de Glace." Intrigué, Louis retourna à l'emporium pour montrer à Madame Chantilly et Claire ce qu'il avait trouvé.

Les yeux de Madame Chantilly s'écarquillèrent de surprise en voyant la clé. "C'est la clé du coffre-fort secret de mon arrière-grand-père !" s'exclama-t-elle. "Je n'avais aucune idée qu'il existait encore."

Claire sembla pensive. "Si quelqu'un a pris la Fève de Vanille Enchantée, ils pourraient la cacher dans le coffre-fort."

Louis, Madame Chantilly et Claire se dirigèrent rapidement vers le sous-sol de l'emporium, où ils trouvèrent une vieille porte poussiéreuse cachée derrière des caisses. La clé s'adaptait parfaitement à la serrure et, dans un grincement, la porte s'ouvrit pour révéler une pièce secrète remplie d'équipements anciens pour fabriquer des glaces et des bocaux d'ingrédients rares.

Au centre de la pièce se trouvait un grand coffre orné. Madame Chantilly s'en approcha prudemment et souleva le couvercle. À l'intérieur, reposant sur un coussin de velours, se trouvait la Fève de Vanille Enchantée, émettant une douce lueur dorée.

Mais avant qu'ils ne puissent célébrer, une silhouette sombre émergea du coin de la pièce. C'était Jacques, le fauteur de troubles de la ville et aspirant chef, connu pour ses farces et ses plans élaborés.

"Jacques !" s'exclama Madame Chantilly. "Que fais-tu ici ?"

Jacques semblait penaud. "Je suis désolé, Madame Chantilly. J'ai entendu parler de la Fève de Vanille Enchantée et j'ai pensé que si je pouvais créer une glace aussi incroyable que la vôtre, les gens me prendraient enfin au sérieux comme chef."

L'expression sévère de Madame Chantilly s'adoucit. "Jacques, tu n'as pas besoin de voler pour prouver ta valeur. Le vrai succès vient du travail acharné et de la créativité."

Jacques hocha la tête, le visage rempli de remords. "Je le comprends maintenant. Je suis vraiment désolé pour ce que j'ai fait."

Madame Chantilly sourit gentiment. "Eh bien, il semble que nous ayons beaucoup de glaces à préparer. Que dirais-tu de nous rejoindre et d'apprendre le métier correctement ?"

Les yeux de Jacques s'illuminèrent de gratitude. "Vraiment ? Vous me laisseriez aider ?"

"Bien sûr," répondit Madame Chantilly. "Tout le monde mérite une chance d'apprendre et de grandir."

À partir de ce jour, Jacques devint apprenti à l'emporium, travaillant aux côtés de Madame Chantilly et Claire. Il se révéla être un élève rapide et ajouta ses propres touches créatives aux recettes de glace. Avec l'aide de Louis, ils créèrent même un nouveau parfum appelé "Tourbillon de Vanille de Rêve," un délicieux mélange de vanille, de caramel et d'une touche de magie.

Le mystère de la Fève de Vanille Enchantée disparue était résolu, et l'emporium continua d'être le meilleur de France, avec une touche supplémentaire d'enchantement dans chaque boule.

Quant à Louis, il apprit que même les personnes les plus espiègles pouvaient changer et que le travail d'équipe et le pardon étaient les clés pour résoudre n'importe quel problème. Il continuait à visiter l'emporium chaque jour, profitant de ses parfums préférés et aidant dès qu'il le pouvait.

Et tant qu'il y aurait des mystères à résoudre, des glaces à créer et des amitiés à chérir, Louis savait que la vie serait toujours une grande aventure.

25

The Incredible Ice Cream Caper

IN THE CHARMING TOWN of Sainte-Claire, nestled in the rolling hills of the French countryside, lived a boy named Louis. With his unruly black hair, bright blue eyes, and an insatiable sweet tooth, Louis was known far and wide for his love of ice cream. But this wasn't just any ice cream he adored; it was the extraordinary creations from Madame Chantilly's Ice Cream Emporium.

Madame Chantilly was a tall, elegant lady with a penchant for flamboyant hats and colorful scarves. Her ice cream emporium was a magical place filled with the most delightful and unusual flavors, from lavender honey to caramel apple pie. People traveled from miles around to taste her incredible ice creams, and her shop was always buzzing with excitement.

One warm summer afternoon, as Louis was about to enjoy his favorite flavor—strawberry basil sorbet—he overheard Madame Chantilly talking in hushed tones to her assistant, a meticulous and resourceful girl named Claire.

"We have a serious problem, Claire," Madame Chantilly said, her voice filled with concern. "Our secret ingredient, the Enchanted Vanilla Bean, has gone missing!"

Louis's ears perked up. A missing ingredient? This sounded like a mystery that needed solving! Determined to help Madame

Chantilly, Louis decided to become a detective and find the missing Enchanted Vanilla Bean.

The next morning, Louis arrived at the emporium with his trusty detective kit: a magnifying glass, a notebook, and a pencil. He watched as Madame Chantilly and Claire searched the entire shop, checking every nook and cranny. But the Enchanted Vanilla Bean was nowhere to be found.

Undeterred, Louis decided to investigate further. He explored the storage rooms, peeked behind the giant freezers, and even checked inside the ice cream churners. Just as he was about to give up hope, he noticed something odd—a trail of sticky, golden syrup leading out of the emporium and towards the town square.

With a mix of excitement and trepidation, Louis followed the trail. It wound through the bustling market, past the bakery with its tempting smells, and finally led him to the old clock tower at the edge of town. As he approached the tower, he saw something glinting in the sunlight. It was a small, shiny key, half-buried in the grass.

Louis picked up the key and examined it closely. It had an intricate design and a tag that read, "To the Secret Ice Cream Vault." Intrigued, Louis made his way back to the emporium to show Madame Chantilly and Claire what he had found.

Madame Chantilly's eyes widened in surprise when she saw the key. "This is the key to my great-grandfather's secret ice cream vault!" she exclaimed. "I had no idea it still existed."

Claire looked thoughtful. "If someone has taken the Enchanted Vanilla Bean, they might be hiding it in the vault."

Louis, Madame Chantilly, and Claire quickly made their way to the basement of the emporium, where they found a dusty old door hidden behind some crates. The key fit perfectly into the lock, and with a creak, the door swung open to reveal a hidden room filled with ancient ice cream-making equipment and jars of rare ingredients.

In the center of the room stood a large, ornate chest. Madame Chantilly approached it cautiously and lifted the lid. Inside, resting on a velvet cushion, was the Enchanted Vanilla Bean, glowing softly with a golden light.

But before they could celebrate, a shadowy figure emerged from the corner of the room. It was Jacques, the town's mischief-maker and aspiring chef, known for his elaborate pranks and schemes.

"Jacques!" Madame Chantilly exclaimed. "What are you doing here?"

Jacques looked sheepish. "I'm sorry, Madame Chantilly. I heard about the Enchanted Vanilla Bean and thought if I could make an ice cream as amazing as yours, people would finally take me seriously as a chef."

Madame Chantilly's stern expression softened. "Jacques, you don't need to steal to prove yourself. True success comes from hard work and creativity."

Jacques nodded, his face filled with remorse. "I realize that now. I'm truly sorry for what I did."

Madame Chantilly smiled gently. "Well, it seems we have a lot of ice cream to make. How about you join us and learn the craft properly?"

Jacques's eyes lit up with gratitude. "Really? You'd let me help?"

"Of course," Madame Chantilly replied. "Everyone deserves a chance to learn and grow."

From that day on, Jacques became an apprentice at the emporium, working alongside Madame Chantilly and Claire. He proved to be a quick learner and added his own creative twists to the ice cream recipes. With Louis's help, they even created a new flavor called "Dreamy Vanilla Swirl," a delightful blend of vanilla, caramel, and a touch of magic.

The mystery of the missing Enchanted Vanilla Bean was solved, and the emporium continued to be the best in France, with an extra sprinkle of enchantment in every scoop.

As for Louis, he learned that even the most mischievous people could change and that teamwork and forgiveness were the keys to solving any problem. He still visited the emporium every day, enjoying his favorite flavors and helping out whenever he could.

And as long as there were mysteries to solve, ice creams to create, and friendships to cherish, Louis knew that life would always be a grand adventure.

Zoé et le Zoo Enchanté

DANS LA VILLE VIBRANTE de Lyon, en France, nichée entre les majestueux fleuves Rhône et Saône, vivait une fille pleine d'entrain nommée Zoé. Avec ses cheveux bruns bouclés, ses yeux verts pétillants et un cœur rempli de curiosité, Zoé avait une passion pour les animaux. Son endroit préféré en ville était le Jardin des Animaux, un zoo ancien et mystérieux, unique en son genre.

Le Jardin des Animaux n'était pas un zoo ordinaire; c'était un havre enchanté où les animaux et la magie coexistaient. Le zoo était dirigé par Monsieur Dupont, un gardien sage et fantasque avec une étincelle dans les yeux et une poche pleine de secrets. Les animaux du Jardin des Animaux avaient des capacités spéciales qui rendaient chaque visite une aventure.

Un matin ensoleillé, Zoé pédalait à travers les rues pavées de Lyon jusqu'au zoo. Elle fut accueillie par les sons et les images familiers : le doux rugissement du lion, le joyeux gazouillement des oiseaux exotiques, et le bourdonnement magique qui semblait remplir l'air. En entrant dans le zoo, Monsieur Dupont lui fit signe depuis l'entrée.

"Bonjour, Zoé!" lança Monsieur Dupont avec un large sourire. "Prête pour une nouvelle journée magique?"

"Bonjour, Monsieur Dupont!" répondit Zoé, les yeux pétillant d'excitation. "J'ai hâte de voir ce qui est nouveau aujourd'hui."

Zoé avait un lien spécial avec les animaux, en particulier un petit singe malin nommé Marcel. Marcel n'était pas un singe ordinaire; il avait la capacité de parler plusieurs langues et de résoudre des énigmes complexes. Il était le meilleur ami de Zoé et son partenaire dans toutes ses aventures.

Alors que Zoé et Marcel se promenaient dans le zoo, ils remarquèrent quelque chose d'inhabituel. Les animaux habituellement joyeux semblaient agités et inquiets. L'éléphante majestueuse, Éléonore, faisait les cent pas, et les paons, Pierre et Paulette, avaient perdu leurs couleurs vibrantes.

"Quelque chose ne va pas, Marcel," murmura Zoé, l'inquiétude marquée sur son visage. "Nous devons découvrir ce qui se passe."

Marcel hocha la tête. "Parlons à Monsieur Dupont. Il saura quoi faire."

Ils se précipitèrent vers le bureau de Monsieur Dupont, où ils le trouvèrent en train d'examiner un vieux livre poussiéreux avec un froncement de sourcils.

"Monsieur Dupont, que se passe-t-il?" demanda Zoé, sa voix pleine d'inquiétude.

Monsieur Dupont leva les yeux, le visage sérieux. "Zoé, Marcel, j'ai bien peur que nous ayons un problème. Le Médaillon Enchanté, qui maintient la magie du Jardin des Animaux, a disparu."

Zoé poussa un cri de surprise. Le Médaillon Enchanté était le cœur de la magie du zoo. Sans lui, les animaux perdraient leurs capacités spéciales et l'enchantement qui rendait le zoo si extraordinaire disparaîtrait.

"Nous devons le retrouver !" déclara Zoé, déterminée. "Avez-vous une idée d'où il pourrait être ?"

Monsieur Dupont soupira. "Je soupçonne qu'il a été pris par les gobelins malicieux qui vivent dans les Catacombes sous la ville. Ils ont toujours été jaloux de notre zoo magique."

Zoé ressentit un mélange de peur et d'excitation. Les Catacombes étaient un labyrinthe de tunnels et de chambres sous Lyon, remplis d'histoire et de mystère. Ce serait une tâche ardue, mais elle savait qu'ils devaient essayer.

"Marcel et moi irons dans les Catacombes pour récupérer le Médaillon," dit Zoé avec résolution.

Monsieur Dupont hocha la tête. "Faites attention, ma chère. Les gobelins sont rusés et malins. Vous aurez besoin de tout votre esprit et de votre courage."

Zoé et Marcel rassemblèrent leurs provisions : une lampe de poche, une carte des Catacombes, et une petite pochette de poussière enchantée que Monsieur Dupont leur donna. "Cette poussière vous aidera si vous vous trouvez dans une situation difficile," expliqua-t-il.

Avec tout prêt, Zoé et Marcel se mirent en route pour leur aventure. Ils pédalèrent à travers les rues animées de Lyon, arrivant enfin à l'entrée des Catacombes, une porte ancienne et usée cachée derrière un épais lierre. Zoé prit une profonde inspiration et poussa la porte, révélant un escalier sombre descendant dans la terre.

Avec Marcel sur son épaule, Zoé descendit prudemment les escaliers. L'air devenait plus frais et la lumière plus faible à mesure qu'ils s'enfonçaient dans les Catacombes. Leurs pas résonnaient à travers les passages étroits, et le léger bruit de l'eau qui gouttait ajoutait à l'atmosphère inquiétante.

Ils suivirent la carte, serpentant à travers les virages et les détours jusqu'à ce qu'ils atteignent une grande chambre. Soudain, ils entendirent une voix rauque résonner dans l'obscurité.

"Qui ose entrer dans notre domaine?" siffla la voix.

Zoé et Marcel restèrent fermes. "Nous sommes ici pour récupérer le Médaillon Enchanté," lança Zoé courageusement. "Il appartient au Jardin des Animaux, et nous en avons besoin."

De l'ombre émergea un groupe de gobelins, leurs yeux scintillant malicieusement. Le chef, un grand gobelin au nez crochu et aux vêtements en lambeaux, s'avança, tenant le Médaillon dans sa main osseuse.

"Ce Médaillon apporte trop de joie et de magie à votre zoo," ricana le gobelin. "Nous voulons un peu de cette magie pour nous."

L'esprit de Zoé travaillait à toute allure. Elle savait qu'ils devaient déjouer les gobelins pour récupérer le Médaillon. Une idée germa dans son esprit. Elle fouilla dans sa pochette et en sortit la poussière enchantée.

"Nous sommes prêts à faire un échange," dit Zoé, essayant de paraître confiante. "Cette poussière enchantée peut exaucer un vœu. Donnez-nous le Médaillon, et la poussière est à vous."

Les gobelins parurent intrigués. Le chef examina la pochette avec méfiance. "Comment savons-nous que cette poussière est vraiment magique?"

Zoé sourit. "Laissez-moi vous montrer." Elle saupoudra une petite quantité de poussière dans l'air, et instantanément, elle se transforma en une multitude de papillons colorés qui volèrent autour de la chambre, projetant une lueur chaleureuse.

Les yeux des gobelins s'écarquillèrent d'émerveillement. "Très bien," dit le chef en tendant le Médaillon. "Mais souvenez-vous, un accord est un accord."

Zoé hocha la tête et remit la pochette de poussière au gobelin. Dès qu'elle eut le Médaillon entre les mains, elle ressentit une vague de soulagement et de triomphe.

"Merci," dit-elle, essayant de cacher son excitation. "Nous allons partir maintenant."

Avec Marcel accroché fermement à son épaule, Zoé retourna prudemment à travers les Catacombes. Elle était impatiente de rendre le Médaillon au zoo et de restaurer la magie.

Lorsqu'ils émergèrent enfin des Catacombes et dans la lumière éclatante du soleil, Zoé poussa un soupir de soulagement. Ils se précipitèrent vers le Jardin des Animaux, où Monsieur Dupont attendait anxieusement à l'entrée.

"Avez-vous réussi à le retrouver?" demanda-t-il, les yeux pleins d'espoir.

Zoé brandit le Médaillon. "Oui! Les gobelins l'avaient, mais nous avons fait un échange."

Le visage de Monsieur Dupont s'illumina de joie. "Vous avez réussi! Merci, Zoé et Marcel. Vous avez sauvé le zoo."

Ils se hâtèrent vers le centre du zoo, où Monsieur Dupont plaça le Médaillon à sa place d'origine, un piédestal doré entouré de fleurs. Instantanément, une vague de magie balaya le Jardin des Animaux. Éléonore l'éléphant poussa un joyeux barrissement, les plumes des paons retrouvèrent leurs couleurs vibrantes, et tous les animaux semblaient rayonner d'une énergie renouvelée.

Le zoo était de nouveau vivant avec enchantement.

Zoé ressentit une chaleureuse satisfaction. Elle avait aidé à sauver l'endroit qu'elle aimait tant, et c'était incroyable. En regardant autour d'elle, elle réalisa que la véritable magie du Jardin des Animaux venait de l'amour et du soin que chacun y apportait.

Monsieur Dupont lui tapa gentiment l'épaule. "Toi et Marcel avez accompli quelque chose de vraiment remarquable. Les animaux et moi vous en serons toujours reconnaissants."

Zoé sourit. "C'était un travail d'équipe. Je n'aurais pas pu le faire sans Marcel."

Marcel piailla joyeusement, d'accord avec elle. Le lien entre Zoé et ses amis animaux s'était encore renforcé grâce à leur aventure.

Le week-end suivant, Monsieur Dupont organisa une célébration spéciale au zoo pour remercier Zoé et Marcel pour leur bravoure. Toute la ville fut invitée, et le Jardin des Animaux était rempli de rires, de musique et de joie. Il y avait des jeux, des friandises délicieuses, et même un spectacle de magie réalisé par le magicien résident du zoo, un perroquet intelligent nommé Pascal.

Zoé et Marcel étaient les invités d'honneur. Monsieur Dupont leur remit une belle médaille, gravée des mots "Héros du Jardin des Animaux." Le cœur de Zoé se gonfla de fierté en acceptant la médaille.

Alors que le soleil se couchait et que la célébration touchait à sa fin, Zoé se tenait avec Monsieur Dupont et Marcel, regardant le zoo. Les animaux se calmaient pour la nuit, leur tranquillité témoignant de la magie qui avait été restaurée.

"Tu sais, Zoé," dit Monsieur Dupont, "la véritable magie vient de l'amour et du soin que nous apportons aux animaux et les uns aux autres. C'est ce qui rend le Jardin des Animaux si spécial."

Zoé hocha la tête, comprenant la vérité de ses paroles. "Et tant que nous aurons cela, la magie ne s'éteindra jamais."

Monsieur Dupont sourit. "Exactement, ma chère."

À partir de ce jour, Zoé continua de visiter le Jardin des Animaux, son amour pour les animaux et le zoo grandissant à chaque visite. Elle savait que peu importe les défis qui se présentaient, ils les affronteraient toujours ensemble, avec courage, gentillesse et une touche de magie.

Et tant qu'il y aurait des esprits curieux, des cœurs courageux et l'esprit d'aventure, la magie du Jardin des Animaux vivrait éternellement.

38

Zoé and the Enchanted Zoo

IN THE VIBRANT CITY of Lyon, France, nestled between the majestic Rhône and Saône rivers, lived a spirited girl named Zoé. With her curly brown hair, lively green eyes, and a heart full of curiosity, Zoé had a passion for animals. Her favorite place in the city was the ancient and mysterious Jardin des Animaux, a zoo unlike any other.

The Jardin des Animaux was not just any zoo; it was an enchanted haven where animals and magic coexisted. The zoo was run by Monsieur Dupont, a wise and whimsical zookeeper with a twinkle in his eye and a pocket full of secrets. The animals at Jardin des Animaux had special abilities that made every visit an adventure.

One sunny morning, Zoé rode her bicycle through the cobblestone streets of Lyon to the zoo. She was greeted by the familiar sights and sounds: the gentle roar of the lion, the cheerful chirping of exotic birds, and the magical hum that seemed to fill the air. As she entered the zoo, Monsieur Dupont waved at her from the entrance.

"Bonjour, Zoé!" Monsieur Dupont called out with a wide smile. "Ready for another magical day?"

"Bonjour, Monsieur Dupont!" Zoé replied, her eyes sparkling with excitement. "I can't wait to see what's new today."

Zoé had a special bond with the animals, especially a clever little monkey named Marcel. Marcel was no ordinary monkey; he had the ability to speak multiple languages and solve complex puzzles. He was Zoé's best friend and partner in all her adventures.

As Zoé and Marcel wandered through the zoo, they noticed something unusual. The usually cheerful animals seemed restless and worried. The majestic elephant, Éléonore, was pacing back and forth, and the peacocks, Pierre and Paulette, had lost their vibrant colors.

"Something's wrong, Marcel," Zoé whispered, concern etched on her face. "We need to find out what's happening."

Marcel nodded. "Let's talk to Monsieur Dupont. He'll know what to do."

They hurried to Monsieur Dupont's office, where they found him examining a dusty old book with a furrowed brow.

"Monsieur Dupont, what's going on?" Zoé asked, her voice filled with worry.

Monsieur Dupont looked up, his face serious. "Zoé, Marcel, I'm afraid we have a problem. The Enchanted Medallion, which keeps the magic of the Jardin des Animaux alive, has gone missing."

Zoé gasped. The Enchanted Medallion was the heart of the zoo's magic. Without it, the animals would lose their special abilities, and the enchantment that made the zoo so extraordinary would fade away.

"We have to find it!" Zoé declared, determination in her voice. "Do you have any idea where it could be?"

Monsieur Dupont sighed. "I suspect it was taken by the mischievous goblins who live in the Catacombs beneath the city. They've always been envious of our magical zoo."

Zoé felt a mix of fear and excitement. The Catacombs were a labyrinth of tunnels and chambers beneath Lyon, filled with history and mystery. It would be a daunting task, but she knew they had to try.

"Marcel and I will go to the Catacombs and get the Medallion back," Zoé said resolutely.

Monsieur Dupont nodded. "Be careful, my dear. The goblins are tricky and cunning. You'll need all your wits and courage."

Zoé and Marcel gathered their supplies: a flashlight, a map of the Catacombs, and a small pouch of enchanted dust that Monsieur Dupont gave them. "This dust will help you if you find yourselves in a tight spot," he explained.

With everything ready, Zoé and Marcel set off on their adventure. They pedaled through the bustling streets of Lyon, finally arriving at the entrance to the Catacombs, an ancient, weathered door hidden behind thick ivy. Zoé took a deep breath and pushed the door open, revealing a dark staircase descending into the earth.

With Marcel on her shoulder, Zoé carefully made her way down the stairs. The air grew cooler and the light dimmer as they ventured deeper into the Catacombs. Their footsteps echoed through the narrow passages, and the faint sound of dripping water added to the eerie atmosphere.

They followed the map, winding through twists and turns until they reached a large chamber. Suddenly, they heard a raspy voice echoing through the darkness.

"Who dares enter our domain?" the voice hissed.

Zoé and Marcel stood their ground. "We are here to retrieve the Enchanted Medallion," Zoé called out bravely. "It belongs to the Jardin des Animaux, and we need it back."

From the shadows emerged a group of goblins, their eyes glinting mischievously. The leader, a tall goblin with a crooked nose and tattered clothes, stepped forward, holding the Medallion in his bony hand.

"This Medallion brings too much joy and magic to your zoo," the goblin sneered. "We want some of that magic for ourselves."

Zoé's mind raced. She knew they had to outsmart the goblins to get the Medallion back. An idea sparked in her mind. She reached into her pouch and pulled out the enchanted dust.

"We're willing to make a trade," Zoé said, trying to sound confident. "This enchanted dust can grant you a wish. Give us the Medallion, and the dust is yours."

The goblins looked intrigued. The leader eyed the pouch suspiciously. "How do we know this dust is truly magical?"

Zoé smiled. "Let me show you." She sprinkled a tiny bit of the dust into the air, and instantly, it transformed into a dazzling array of colorful butterflies that fluttered around the chamber, casting a warm glow.

The goblins' eyes widened in amazement. "Very well," the leader said, handing over the Medallion. "But remember, a deal is a deal."

Zoé nodded and handed the pouch of dust to the goblin. As soon as she had the Medallion in her hands, she felt a surge of relief and triumph.

"Thank you," she said, trying to hide her excitement. "We'll be going now."

With Marcel clinging tightly to her shoulder, Zoé carefully made her way back through the Catacombs. She couldn't wait to return the Medallion to the zoo and restore the magic.

When they finally emerged from the Catacombs and into the bright sunlight, Zoé let out a sigh of relief. They hurried back to the Jardin des Animaux, where Monsieur Dupont was waiting anxiously at the entrance.

"Did you find it?" he asked, his eyes filled with hope.

Zoé held up the Medallion. "We did! The goblins had it, but we made a trade."

Monsieur Dupont's face lit up with joy. "You did it! Thank you, Zoé and Marcel. You've saved the zoo."

They hurried to the center of the zoo, where Monsieur Dupont placed the Medallion back in its rightful spot—a golden pedestal surrounded by flowers. Instantly, a wave of magic swept through the Jardin des Animaux. Éléonore the elephant trumpeted joyfully, the peacocks' feathers regained their vibrant colors, and all the animals seemed to glow with renewed energy.

The zoo was alive with enchantment once again.

Zoé felt a warm glow of satisfaction. She had helped save the place she loved so much, and it felt incredible. As she looked around, she realized that the true magic of the Jardin des Animaux came from the love and care everyone put into it.

Monsieur Dupont patted her shoulder. "You and Marcel have done something truly remarkable. The animals and I are forever grateful."

Zoé smiled. "It was a team effort. I couldn't have done it without Marcel."

Marcel chattered happily, agreeing with her. The bond between Zoé and her animal friends had grown even stronger through their adventure.

The following weekend, Monsieur Dupont organized a special celebration at the zoo to thank Zoé and Marcel for their bravery. The entire city was invited, and the Jardin des Animaux was filled with laughter, music, and joy. There were games, delicious treats, and even a magic show performed by the zoo's resident magician, a clever parrot named Pascal.

Zoé and Marcel were the guests of honor. Monsieur Dupont presented them with a beautiful medal, engraved with the words "Heroes of the Jardin des Animaux." Zoé's heart swelled with pride as she accepted the medal.

As the sun set and the celebration drew to a close, Zoé stood with Monsieur Dupont and Marcel, looking out over the zoo. The animals were settling down for the night, their peacefulness a testament to the magic that had been restored.

"You know, Zoé," Monsieur Dupont said, "the real magic comes from the love and care we give to the animals and each other. That's what makes the Jardin des Animaux so special."

Zoé nodded, understanding the truth in his words. "And as long as we have that, the magic will never fade."

Monsieur Dupont smiled. "Exactly, my dear."

From that day on, Zoé continued to visit the Jardin des Animaux, her love for the animals and the zoo growing stronger with each visit. She knew that no matter what challenges came their way, they would always face them together, with courage, kindness, and a touch of magic.

And as long as there were curious minds, brave hearts, and the spirit of adventure, the magic of the Jardin des Animaux would live on forever.

Mirabelle et le Mystère de la Perle Disparue

DANS LA CHARMANTE VILLE côtière de Saint-Michel, nichée au bord de la scintillante Côte d'Azur, vivait une fille nommée Sophie. Avec ses cheveux bruns bouclés, ses yeux verts pétillants et une imagination débordante, Sophie passait ses journées à explorer les plages, à ramasser des coquillages et à rêver d'aventures sous-marines.

Un matin ensoleillé, alors que Sophie construisait un château de sable près des eaux cristallines, elle remarqua quelque chose d'inhabituel. Un objet scintillant attira son attention, à moitié enfoui dans le sable. Elle le déterra soigneusement, révélant une belle coquille irisée. Lorsqu'elle la leva vers la lumière du soleil, elle scintillait de toutes les couleurs de l'arc-en-ciel.

Soudain, Sophie entendit une voix douce et mélodieuse l'appeler depuis la mer. "Bonjour, Sophie !" chantait-elle. Elle regarda autour, perplexe, mais ne vit personne. Puis, à son grand étonnement, une gracieuse sirène émergea des vagues, ses longs cheveux flottants scintillant comme de l'or filé et sa queue étincelante de saphirs et d'émeraudes.

"Bonjour, Sophie," répéta la sirène, sa voix aussi envoûtante que la brise marine. "Je suis Mirabelle, et j'ai besoin de ton aide."

Sophie cligna des yeux de stupéfaction. Une vraie sirène ! "Que puis-je faire pour t'aider, Mirabelle ?" demanda-t-elle avec empressement.

L'expression de Mirabelle devint sérieuse. "La Grande Perle de l'Océan, un joyau magique qui maintient notre royaume sous-marin en sécurité et prospère, a disparu. Sans elle, les créatures marines sont en danger, et notre monde sombre dans le chaos."

Sophie ressentit une poussée de détermination. "Ne t'inquiète pas, Mirabelle. Je vais t'aider à retrouver la Grande Perle !"

D'un coup de sa queue scintillante, Mirabelle invita Sophie à la suivre dans la mer. Sophie prit une profonde inspiration, et à sa grande surprise, dès qu'elle entra dans l'eau, elle découvrit qu'elle pouvait respirer et se déplacer aussi facilement que sur terre.

Elles nagèrent ensemble à travers le monde sous-marin vibrant, passant devant des bancs de poissons colorés, des forêts d'algues ondoyantes et des récifs coralliens grouillant de vie. Sophie s'émerveillait de la beauté de tout cela, mais elle savait qu'elles avaient une mission à accomplir.

Alors qu'elles s'aventuraient plus profondément dans l'océan, Mirabelle expliqua davantage au sujet de la Grande Perle. "Elle était gardée dans la Grotte Sacrée des Coquillages, sous la protection de la sage et ancienne tortue de mer, Archibald. Mais la nuit dernière, une violente tempête a secoué l'océan, et ce matin, lorsque nous avons vérifié la grotte, la perle avait disparu."

"Tu penses que la tempête l'a emportée ?" demanda Sophie.

Mirabelle secoua la tête. "Non, la grotte est bien protégée contre les éléments naturels. Je crains que quelqu'un n'ait profité du chaos pour voler la perle."

Elles arrivèrent à la Grotte Sacrée des Coquillages, une magnifique caverne sous-marine ornée de coquillages scintillants et d'algues bioluminescentes. Archibald, la sage vieille tortue de mer, les accueillit d'un hochement de tête solennel.

"Bienvenue, Mirabelle, et tu dois être Sophie," dit Archibald d'une voix grave et résonnante. "Je crains que la Grande Perle ne soit effectivement disparue, et je n'ai pas pu détecter sa présence nulle part à proximité."

"As-tu une idée de qui pourrait l'avoir prise ?" demanda Sophie.

Archibald soupira. "Il y a des rumeurs sur un poulpe rusé et insaisissable nommé Octavius, qui est connu pour accumuler des trésors de la mer. Il vit dans les profondeurs ombragées de la Fosse Abyssale, un endroit dangereux et sombre où peu osent s'aventurer."

Sophie se redressa. "Nous devons y aller et récupérer la perle !"

Mirabelle acquiesça. "Merci, Archibald. Nous serons prudentes et nous ramènerons la Grande Perle."

Alors qu'elles nageaient vers la Fosse Abyssale, les eaux devenaient plus froides et plus sombres. De curieuses créatures aux yeux lumineux et aux dents acérées se cachaient dans l'ombre, mais Mirabelle et Sophie poursuivaient leur chemin, leur résolution intacte.

Enfin, elles atteignirent le bord de la fosse, un gouffre profond et menaçant qui semblait s'étendre jusqu'au cœur de la terre. Mirabelle s'arrêta et regarda Sophie. "Es-tu prête pour cela ?"

Sophie hocha la tête courageusement. "Je suis prête."

Elles descendirent dans la fosse, l'obscurité les enveloppant comme une couverture épaisse. Mirabelle utilisa ses pouvoirs magiques pour créer une douce lumière qui les guida. Après ce qui sembla être une éternité, elles aperçurent une lueur lointaine.

En s'approchant, elles virent que la lumière provenait d'un grand filet finement tissé, scintillant avec les trésors volés de la mer. Et là, nichée parmi les joyaux étincelants et les pièces d'or, se trouvait la Grande Perle de l'Océan, irradiant une douce lumière dorée.

Gardant le trésor, Octavius, le poulpe rusé et malin, observait leur approche avec un sourire narquois. "Ah, des visiteurs !" dit-il avec un sourire sournois. "Qu'est-ce qui vous amène dans ma modeste demeure ?"

"Nous sommes ici pour la Grande Perle," dit fermement Mirabelle. "Elle appartient au royaume sous-marin, et nous en avons besoin."

Octavius ricana, ses tentacules s'agitant. "Et pourquoi devrais-je la rendre ? C'est un si bel ajout à ma collection."

Sophie s'avança, son cœur battant la chamade. "Parce que sans elle, les créatures marines sont en danger. L'équilibre de l'océan dépend de cette perle. S'il te plaît, Octavius, nous avons besoin de ton aide."

Octavius étudia Sophie un moment, puis soupira dramatiquement. "Très bien. Je ne suis pas entièrement sans cœur. Mais je ne rendrai la perle que si vous pouvez résoudre mon énigme."

Sophie et Mirabelle échangèrent des regards nerveux mais acquiescèrent.

"Écoutez attentivement," commença Octavius. "Je parle sans bouche et j'entends sans oreilles. Je n'ai pas de corps, mais je prends vie avec le vent. Qui suis-je ?"

Sophie réfléchit intensément, son esprit en ébullition. Elle répéta l'énigme à voix haute, essayant d'en démêler le sens. "Je parle sans bouche... j'entends sans oreilles... pas de corps... prend vie avec le vent..." Puis, ses yeux s'illuminèrent de réalisation. "C'est un écho !"

Les yeux d'Octavius s'écarquillèrent de surprise, puis il éclata de rire. "Bravo, jeune fille. Tu es vraiment maligne." Il tendit une tentacule et remit doucement la Grande Perle à Mirabelle. "Prenez-la, et que l'océan prospère à nouveau."

Avec la Grande Perle en sécurité, Sophie et Mirabelle retournèrent rapidement à la Grotte Sacrée des Coquillages. Archibald les accueillit avec un sourire de soulagement. "Vous avez réussi ! La Grande Perle est de retour !"

Mirabelle remit délicatement la perle à sa place légitime, et immédiatement, une douce lumière dorée se répandit dans la grotte, restaurant sa magie et sa vitalité. L'océan sembla revivre avec une énergie renouvelée, et les créatures marines se réjouirent.

"Merci, Sophie," dit Mirabelle, les yeux brillants de gratitude. "Tu as sauvé notre royaume sous-marin."

Sophie sourit de fierté. "Je n'aurais pas pu le faire sans toi, Mirabelle."

En signe de leur gratitude, Archibald offrit à Sophie un magnifique collier de coquillages qui scintillait des mêmes couleurs irisées que la Grande Perle. "Que cela te rappelle ton courage et le lien que tu as avec l'océan."

Sophie embrassa Mirabelle et Archibald. "Merci. Je le chérirai toujours."

Lorsque Sophie revint sur la plage, le soleil commençait à se coucher, projetant une douce lumière dorée sur la ville de Saint-Michel. Elle regarda la mer, sachant qu'elle porterait toujours en elle une part de sa magie.

À partir de ce jour, Sophie et Mirabelle restèrent les meilleures amies. Chaque fois que Sophie visitait la plage, elle écoutait la voix enchanteresse de Mirabelle, et les deux partaient ensemble pour de nouvelles aventures.

Et ainsi, la légende de Sophie et de la sirène Mirabelle se répandit à travers Saint-Michel, inspirant les enfants et les adultes à croire en la magie de l'océan et au pouvoir de l'amitié.

Mirabelle and the Mystery of the Missing Pearl

IN THE CHARMING COASTAL town of Saint-Michel, nestled on the edge of the shimmering French Riviera, lived a girl named Sophie. With her curly brown hair, twinkling green eyes, and a boundless imagination, Sophie spent her days exploring the beaches, collecting seashells, and dreaming of underwater adventures.

One sunny morning, as Sophie was building a sandcastle near the crystal-clear waters, she noticed something unusual. A glimmering object caught her eye, half-buried in the sand. She carefully unearthed it, revealing a beautiful, iridescent shell. As she held it up to the sunlight, it shimmered with all the colors of the rainbow.

Suddenly, Sophie heard a soft, melodic voice calling out to her from the sea. "Bonjour, Sophie!" it sang. She looked around, puzzled, but saw no one. Then, to her astonishment, a graceful mermaid emerged from the waves, her long, flowing hair glistening like spun gold and her tail sparkling with sapphire and emerald scales.

"Bonjour, Sophie," the mermaid repeated, her voice as enchanting as the sea breeze. "I am Mirabelle, and I need your help."

Sophie blinked in amazement. A real mermaid! "What can I do to help you, Mirabelle?" she asked eagerly.

Mirabelle's expression turned serious. "The Great Pearl of the Ocean, a magical gem that keeps our underwater kingdom safe and thriving, has gone missing. Without it, the sea creatures are in danger, and our world is falling into chaos."

Sophie felt a surge of determination. "Don't worry, Mirabelle. I'll help you find the Great Pearl!"

With a flick of her shimmering tail, Mirabelle invited Sophie to follow her into the sea. Sophie took a deep breath, and to her surprise, as soon as she stepped into the water, she found she could breathe and move as easily as if she were on land.

They swam together through the vibrant underwater world, passing schools of colorful fish, swaying seaweed forests, and coral reefs teeming with life. Sophie marveled at the beauty of it all, but she knew they had a mission to complete.

As they ventured deeper into the ocean, Mirabelle explained more about the Great Pearl. "It was kept in the Sacred Shell Grotto, guarded by the wise and ancient sea turtle, Archibald. But last night, a fierce storm shook the ocean, and when we checked the grotto this morning, the pearl was gone."

"Do you think the storm took it?" Sophie asked.

Mirabelle shook her head. "No, the grotto is well protected against natural elements. I fear someone took advantage of the chaos to steal the pearl."

They arrived at the Sacred Shell Grotto, a magnificent underwater cave adorned with glistening shells and bioluminescent algae. Archibald, the wise old sea turtle, greeted them with a solemn nod.

"Welcome, Mirabelle, and you must be Sophie," Archibald said in a deep, resonant voice. "I am afraid the Great Pearl is indeed missing, and I have been unable to sense its presence anywhere nearby."

"Do you have any idea who might have taken it?" Sophie asked.

Archibald sighed. "There are rumors of a cunning and elusive octopus named Octavius, who has been known to hoard treasures from the sea. He lives in the shadowy depths of the Abyssal Trench, a dangerous and dark place where few dare to venture."

Sophie squared her shoulders. "We have to go there and get the pearl back!"

Mirabelle nodded in agreement. "Thank you, Archibald. We will be careful and bring the Great Pearl back."

As they swam toward the Abyssal Trench, the waters grew colder and darker. Strange creatures with glowing eyes and sharp teeth lurked in the shadows, but Mirabelle and Sophie pressed on, their resolve unwavering.

Finally, they reached the edge of the trench, a deep, foreboding chasm that seemed to stretch into the heart of the earth. Mirabelle paused and looked at Sophie. "Are you ready for this?"

Sophie nodded bravely. "I'm ready."

They descended into the trench, the darkness enveloping them like a thick blanket. Mirabelle used her magical abilities to create a soft, glowing light that guided their way. After what felt like an eternity, they spotted a faint glow in the distance.

As they approached, they saw that the light was coming from a large, intricately woven net, shimmering with the stolen treasures of the sea. And there, nestled among the sparkling jewels and golden coins, was the Great Pearl of the Ocean, radiating a soft, golden light.

Guarding the treasure was Octavius, the sly and cunning octopus. His eyes glinted with mischief as he noticed their approach. "Ah, visitors!" he said with a sly grin. "What brings you to my humble abode?"

"We're here for the Great Pearl," Mirabelle said firmly. "It belongs to the underwater kingdom, and we need it back."

Octavius chuckled, his tentacles writhing. "And why should I give it back? It is such a beautiful addition to my collection."

Sophie stepped forward, her heart pounding. "Because without it, the sea creatures are in danger. The balance of the ocean depends on that pearl. Please, Octavius, we need your help."

Octavius studied Sophie for a moment, then sighed dramatically. "Very well. I am not entirely heartless. But I will only return the pearl if you can solve my riddle."

Sophie and Mirabelle exchanged nervous glances but nodded in agreement.

"Listen carefully," Octavius began. "I speak without a mouth and hear without ears. I have no body, but I come alive with wind. What am I?"

Sophie thought hard, her mind racing. She repeated the riddle to herself, trying to unravel its meaning. "I speak without a mouth... hear without ears... no body... comes alive with wind..." Then, her eyes lit up with realization. "It's an echo!"

Octavius's eyes widened in surprise, then he laughed. "Well done, young one. You are indeed clever." He reached out with a tentacle and gently handed the Great Pearl to Mirabelle. "Take it, and may the ocean thrive once more."

With the Great Pearl safely in their possession, Sophie and Mirabelle quickly swam back to the Sacred Shell Grotto. Archibald greeted them with a relieved smile. "You have done it! The Great Pearl has returned!"

Mirabelle carefully placed the pearl back in its rightful place, and immediately, a warm, golden light spread throughout the grotto, restoring its magic and vitality. The ocean seemed to come alive with renewed energy, and the sea creatures rejoiced.

"Thank you, Sophie," Mirabelle said, her eyes shining with gratitude. "You have saved our underwater kingdom."

Sophie beamed with pride. "I couldn't have done it without you, Mirabelle."

As a token of their gratitude, Archibald presented Sophie with a beautiful shell necklace that shimmered with the same iridescent colors as the Great Pearl. "May this remind you of your bravery and the bond you have with the ocean."

Sophie hugged Mirabelle and Archibald. "Thank you. I'll treasure this always."

When Sophie returned to the shore, the sun was beginning to set, casting a warm, golden glow over the town of Saint-Michel. She looked back at the sea, knowing that she would always carry a piece of its magic with her.

From that day on, Sophie and Mirabelle remained the best of friends. Whenever Sophie visited the beach, she would listen for Mirabelle's enchanting voice and the two would embark on new adventures together.

And so, the legend of Sophie and the mermaid Mirabelle spread throughout Saint-Michel, inspiring children and adults alike to believe in the magic of the ocean and the power of friendship.

www.ingramcontent.com/pod-product-compliance
Lightning Source LLC
Chambersburg PA
CBHW052236150726

48002CB00003B/1459